अनर्गल और अनायास

और अन्य कविताएँ

केशव शुक्ल

उन अनजाने लोगों को समर्पित करना चाहता हूँ,

जिनके नाम को कोई याद नहीं रखेगा,

लेकिन वही मेरी कविताओं का प्रेरणा स्रोत है ।

क्रम

दो शब्द

कविताएँ कम शब्दों में बहुत कुछ कह जाती हैं, जो लम्बी लम्बी कहानियों में भी कह पाना मुश्किल सा लगता है । कविता, अनुभवों का एक सफर है जो हमें शब्दों के माध्यम से अनजाने दरवाजों के पार ले जाता है। यह उठान-बैठान, अनदेखे चेहरों की छाप, और मुसीबतों से उभरने की शक्ति का संग्रह है। इसीलिए मेरा पहला प्रेम कविताएँ ही हैं।

अपने ही जैसे कविता प्रेमियों के लिए,अपनी लिखी कविताओं का प्रथम संकलन प्रस्तुत कर रहा हूँ। इन कविताओं का कोई विशेष क्रम नहीं है, इनमें लय भी नहीं है, न ही कोई भाषा की विशेषता, न किसी अलंकार पर ध्यान दिया गया है। कोशिश बस इतनी है कि जो विचार है या ऐसे कहें कि जिस भाव से मैंने ये कविता लिखी है वह आप तक पूरा का पूरा पहुंचे। आपको पसन्द आए इसी आशा के साथ ....

धन्यवाद,

और हां, त्रुटियों के लिए अभी से क्षमा।

बड़ा आसान था

बड़ा आसान था

मेरा वहशीपन देखना बड़ा आसान था उसके लिए,

और आसानी से दिख रही थी मुझे उसकी दरिंदगी भी

बस मालूम नहीं था अगर हमें तो ये,

कि हम आईने में देख रहे हैं

जब तुम नदी बन जाओगी

और जब तुम नदी बन जाओगी

तब तुम्हें महसूस हो जाएँगी

वो हज़ारों छोटी बड़ी मछलियां,

जो तैर रही हैं तुम में

 महसूस होंगी तुम्हें टकराती हुई

और फिर टूटती हुई चट्टानें

और जब तुम नदी बन जाओगी

तुम्हें पता चलेगा

तुम्हारे वेग का

कहीं अपनी चंचलता का एहसास होगा

और कहीं अपनी गहराई का

और जब तुम नदी बन जाओगी

तब भी याद रखना,

उन बादलों को

उन हिम खंडों को

जो तुम्हें जीवन देने के लिए मिट गए
याद रखना उन सभी कणों को
जो निस्वार्थ बह चले तुम्हारे साथ

और जब तुम नदी बन जाओगी
वो आयेंगे तुम्हारे पास
अपनी प्यास बुझाने, अपने पाप धोने
और कभी बस किनारे पे वक़्त गुजारने

आसान नहीं होगा
पर मुझे पता है
तुम एक दिन नदी बन जाओगी

उधार

बैठ आईने के सामने
गुनगुना रहा था
और पी रहा
था ज़हर भी
और पी रहा
था दवा भी
धीरे धीरे ।
और इस
तरह था वो
ख़ुद का
तफरीबाज़ भी
तमाशाई भी
कातिल भी
और मुहाफ़िज़ भी
बहुत वक़्त था
हर तरह से फुरसत थी सब

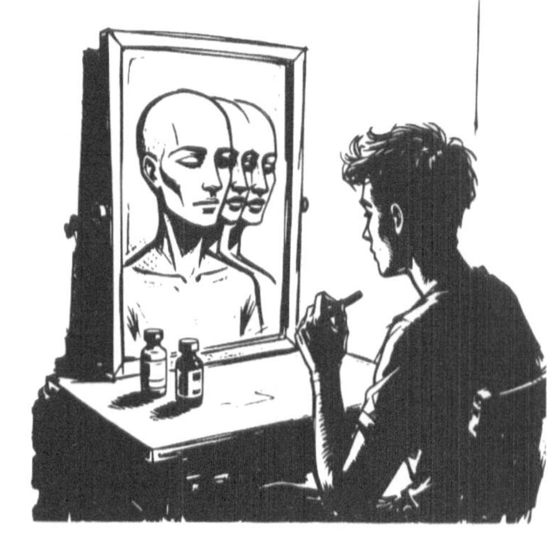

समझ में ही था जैसे

बस ये नहीं मालूम था कि
ख़ुद का ख़ुद पे कितना उधार हैं

शीर्षकविहीन

हाथों में लिए भाग रहा था,
जाने कहाँ छूट गया इस आपाधापी में
वो एक सपना जो ख़ुद के लिए बचाया था
लो फिर टूट गया इन आँखों में

कभी सोचने लगता हूँ
कुछ यादें धुंधली सी अभी हैं
और एक लट्टू छोटा सा जिसे खेलते खेलते
सो जाता ज़मीन पे दोपहरी में

और उठ भागना उस बिल्ली के पीछे
जिसे मालूम ही नहीं उसका अपराध
और मन ही मन मुस्काना
उसकी दबती दम पे

खो गया मैं ख़ुद से
जाने कब फिर से मिल पाऊंगा दोबारा
और आँखों में था एक सपना
वह अब टूटा सा लगता है

अनर्गल और अनायास

खुली हवा चाय
की चुस्की
सुनना कुछ नए कुछ पुराने
कुछ अच्छे,
कुछ अई वी गाने

देखना कई बार देखी हुई फिल्म, और
बेहिसाब प्रचार
और फिर कह देना
याद है "जब आता था सिर्फ चित्रहार "

बैठ जाना तीन चार चविन्नयों के साथ
बगल वाले हाइवे के ढाबे पे
पराठे खाते हुए
सरकारी नीतियों को कोसना
अच्छा न लगने पर भी

खा जाना पूरा अचार

फिर कभी एक पुराने पड़ोसी को लगा लेना
फ़ोन
और नयी ख़बरें सुनना उस मोहल्ले की
जिसमे अब दोनों में से कोई भी नहीं रहता
फुर्सत..
फुर्सत बड़ी चीज़ है

लोग

अच्छे लोग

बुरे लोग

मतलबी लोग

दिलदार लोग

भीड़ बढ़ाते लोग

और फिर भी तनहा रह जाते लोग

शोर मचाते लोग

और फिर खामोश हो जाते वही लोग

तेज़ भागते लोग
ठहरे ठहरे से लोग
उदास लोग
उम्मीद बढ़ाते लोग
भरोसेवाले लोग
और धोका खाये लोग

और जाने कितने विशेषणों द्वारा
और जाने कितने पर्यायों द्वारा बखाने गए
पर फिर भी अपरिभाषित लोग

पर समय बीतते बीतते
सिर्फ लोग रह जाते हैं

न पर्याय न विशेषण
सिर्फ लोग रह जाते हैं

बादल

आज बादल नहीं थे,

और अमावस भी थी

और था मैं शहर, और सभ्यता से दूर

आसमान में असंख्य तारे टिमटिमा रहे थे

इतने सारे एक साथ मैंने पहले कभी नहीं देखे

कभी भी नहीं

अपेक्षा थी कि इस नज़ारे से मिलेगा आराम,

पर जाने क्यों मुझे भय का आभास हो रहा था

उस बियाबान में एक भी झींगुर नहीं था जैसे,

याद आया कैसे

जब अपने गांव जाया करता,

तो रात में वो आवाज़ें करते

आज ऐसा कुछ न था,

इतना सन्नाटा पसरा हुआ था,

जैसे मानो किसी मरुस्थल से भी हीन,

न एक जानवर आवाज,

हवा की आवाज भी नहीं

इतनी शांति मैंने कभी नहीं सुनी

घबराहट धीरे धीरे बढ़ती जा रही थी,

अब एक ध्वनि थी,

स्वयं के हृदय की

ऐसा लगा कि पौ फटने को है,

और दिखा एक बादल भी

जान में जान आई

फिर भोर तो हुई,

पर मैं सो गया कुछ देर उस घास पे

और जब नींद खुलेगी तो,

जायेंगे अधीरता से, सभ्यता की ओर

सोच कहीं खो न जाए

सोचें
आओ थोड़ा और सोचें
थोड़ा और
बस थोड़ा और

विचार कहीं खो न जाएँ
इस लिए उन्हें सूचीबद्ध करें
और हर पहलू को बारी बारी से गौर करें
थोड़ा और सोचें

मालूम होता कि
"अकेले किसी निष्कर्ष पर पहुंचना संभव नहीं है "
चार पंडितों को भी बुला लें
बैठकी लगाएं,परामर्श करें

निष्कर्षविहीनता को न लें नकारात्मक

इतिहास से भी लें थोड़ा ज्ञान
और आने वाले भविष्य का भी रखें ध्यान
सभी आयामों में टटोलें

मिला क्या ?
हताश न हो

बस थोड़ा और
बस अब नतीजें सामने आ जायेंगे
"कुछ न कुछ निष्कर्ष तो निकाल ही लेंगे "

पर याद रहे
निष्कर्ष पर आने की अधीरता में
सोच खोने न पाए

मोमबत्तियां

मोमबत्तियां
मोम से बनती हैं साहब

कुछ जलती ही नहीं कभी उम्र भर
कुछ टिमटिमाती रहती हैं
तो कुछ खूब रोशन होती हैं
कुछ अकेले कोने में खड़ी रहें

कुछ एक साथ
जैसे ग्रुप फ़ोटो खीचने की चाह लिए
कुछ आंधी से बुझ जाएँ
कुछ फूंक के बुझा दी जाएँ

और कुछ जलती रहती हैं

मोम के ख़त्म न होने तक

मानो मोमबत्ती नहीं गोया आदमी हो

मोमबत्तियाँ

मोम से बनती हैं साहब

यहाँ वहाँ की ज़िन्दगी

एक पुरानी फिल्म सी घिसी, तेज रंगों से
लिपटी ज़िन्दगी
और कभी लगता है की डबिंग (dubbing)
ही खराब है
आवाज़ पहले आती है और लोग जैसे चुप
से लगते हैं

और गन्ने के जूस की दुकान पे धूपबत्ती सी
सुलगती सी ज़िन्दगी
कभी दिवाली की झालर सी टिमटिमाती
जैसे जान ही न हो

और दादाजी के रेडियो पे बजते रफ़ी-लता
के गाने की तरह धुंधली मगर कितनी
सुकून भरी ज़िन्दगी
और कहीं बस के हॉर्न सा शोर मानो जैसे
आज ही आगे निकल जाएगी

पेट्रोल पम्प पे चलते जाली 500 के नोट
सी तेज़ भागती ज़िन्दगी
कभी रुक जाती ये कह के "दो पांच के हैं
क्या"?

कटते प्याज सी आँखों में चुभती ज़िन्दगी
और कभी तो लगता है की दर्द तो बहोत है
पर आंसू सूख से गए हैं

चाट में पड़े मसाले सी चटपटी ये ज़िन्दगी
और कभी मिठास बासी खीर की

कभी दीवार के छूटते चूने सी हाथों में
चुपकी ज़िन्दगी
जैसे बिछड़ते हुए अपनों की यादें हो

कभी लम्बी लम्बी बातों से बहोत छोटी सी
लगती ज़िन्दगी
कभी चंद लम्हों को तरसती प्यासी सी

माँ के हाथ से तेल की चम्पी सी नशीली
ज़िन्दगी
और कभी जैसे पहली बार पकाई कच्ची
बिना नमक की सब्ज़ी

और स्ट्रीट लाइट की मटमैली रौशनी में
अधजले पेड़ों सी रोशन ज़िन्दगी
तो कभी हाईवे पर खिड़की से आती ठंडी
हवा सी सुहानी

धूल खाते पिछले साल के अख़बारों सी

ज़िन्दगी
जिन्हें खोलो तो लगे जैसे सबमे एक ही
ख़बर है

नाई की कैंची सी बातूनी ज़िन्दगी
और कभी छत पे लटके पुराने पंखे सी, रुक
रुक के गड़ गड़ करती
जैसे एकदम से कोई बात याद आई हो

कभी खाली मकान सी अकेली ज़िन्दगी
और आपस में बात करतीं दीवारें

कभी सन्नाटों में गूंजती ज़िन्दगी
जैसे कुछ तो कहने का है

रेत पे बनते पैरों के मोहर सी ज़िन्दगी
और कहीं उठती गिरती लहरों सी

कभी न मिलने वाली सरकारी पॉलिसी
सी ज़िन्दगी

और कभी सड़क पे बिछी दूकान सी बिखरी

बिजी आते फोन कॉल सी ज़िन्दगी
और कभी कड़ी कतार में आखरी

न चाहते हुए भी खर्च होते पैसों सी
ज़िन्दगी
और कभी बेबाक निकलते गुस्से सी

और समझ में न आने वाले फिरंगी गाने सी
ज़िन्दगी
जिसकी धुन नचा ही देती है

उस पुरानी पढ़ी कविता की याद दिलाती
ज़िन्दगी
जो आज भी उतनी ही सही लगती है

यादों की पोटली

कल अपने गांव से एक
दोस्त आया था
अपने साथ में खाने की
पोटली लाया था
मेरी मानो तो जैसे पोटली
में पकवान नहीं
यादें थी,
कुछ यादें करारी (आज भी)
कुछ यादें खस्ता और
उतनी ही लज़ीज़
और कुछ यादें पार्ले जी के
बिस्किट सी
जो पैकेट में पड़े पड़े महरा
गई हैं

फिर चाय मंगा ली
और एकों एक कर सभी

यादों का मज़ा लेने लगे

हाय, यादों से न पेट भरता है
न दिल

पर जलता तो हूं धीरे धीरे

जलता हूं धीरे धीरे
जाने क्या रौशन करता हूं

दिखता है जो कुछ इस रौशनी में तो बस
अँधेरा
कुछ अधजगे कुछ अधसोए से लोग
कुछ सफेदी से काले, कुछ कालिख में लिपटे

कभी कभी लगता है कि क्या रौशन करता हूं ?
पर जलता तो हूं धीरे धीरे

और थक हार कर लौटा वह कोई
और जो भूख से शायद कभी सो ही नहीं पाया
और जो ग़म हलक कर लड़खड़ाते हुए गुम हो
गया

कभी कभी लगता है कि क्या रौशन करता हूं ?
पर जलता तो हूं धीरे धीरे

ख़ाली ज़ेब

भागते भागते ज़िन्दगी ने कहा

" ओ भाई रुक, ज़रा ठहर "

और समय, उसने जैसे अनसुनी सी करदी उसकी
बात

आगे बढ़ता रहा वह, दिए बिना जवाब

ज़िन्दगी ने सोचा "जाने दो "

थोड़ी देर सुस्ता, पानी पी

देखा तो दूर ..दूर तक

 समय दीख न पड़ा

"शायद बहोत पीछे

छूट गया मैं "

फिर सारी ताक़त लगा

वह भागा

और इतना तेज़ दौड़ा

कि समय, छूट गया पीछे
निकल आया बहोत दूर

मुड़ कर देखा, सोचा "जाने दो "
ज़िन्दगी ने अचानक टटोली अपनी ज़ेब
इस भाग दौड़ में बहोत कुछ कहाँ गिर गया...
"पता भी नहीं चला "
कभी हताश कभी खुश मन ही मन हस दिया

और नज़र पड़ी
आस पास सुन्दर उगते फूलों पे
"इतना गलत भी नहीं मैं शायद "
बैठ सुनने लगा वह भवरों के गीत

पीछे से चला आ रहा था समय
चुपचाप, भावविहीन चेहरा लिए
ज़िन्दगी ने देखा उसे फिर से आगे जाते हुए
और हस के कहा "जाने दो "

उसे लगा मनो उसकी जेब फिर से भर गयी थी।

ख़ाली ज़ेब

सोच घांस पे बैठ

भागते भागते जब थक जाती है,

तो कहीं, घांस पे बैठ ढूंढती है

वजूद, आरजू, दर्द जैसे बेमाने हैं

कुछ सुने, कुछ अनसुने, पर एक जैसे अफसाने हैं

और आस पास सिर्फ़ भीड़, अलग अलग लोग
नज़र नहीं आते

खली खोखले और सच कहूं तो मेरी तरह

अभी ठीक से बैठ, साँस भी न ली थी उसने

कि फ़िर उठी, और भागने लगी

... क्या सवाल करता मैं और क्या जवाब दे वह

भागना तो पड़ेगा ही

यही उसकी ख़्वांहिश है

क्योंकि घास पे बैठ तारों पे अपना नाम ढूंढ़ना

वह शायद नहीं चाहती

मेरे पास बैठ ज़िन्दगी

दूर .... बहुत दूर होता जा रहा हूँ मैं

ख़ुदसे, तुझसे,

फंसा हूं इस दौड़ में जो बेमकसद, बेमाने सी
लगती है

थोडी देर तो मेरे पास बैठ ज़िन्दगी

याद तो होगा ही तुझे, जब हम तनहा साथ होते थे

मुझे तुझसे कोई शिकायत नहीं।

कोई तमन्ना भी नहीं,

शायद अब इसी लिए तुम्हारे साथ और दौड़ना
मुझे अजीब सा लगता है।

रात की लड़ाई

सवेरे की तलाश में

सारी रात इंतज़ार किया

कोई बात उठ जाती कभी

और उस बात से फ़िर कोई और बात

पर मुआ सवेरा आने का नाम ही न ले

अब और लड़ने की, कुछ करने की ताकत ही कहाँ
बची है

चुप हो गए सब, और आँखे भीच ली

सोचा की जब नींद खुलेगी तो सामने सवेरा होगा

पर मुई नींद आने का नाम ही न ले

एक करवट, दूसरी, और आँखे भीचे सोने का

दिखावा करना

घड़ी, घड़ी तारे देख सोचना

और हर पल के साथ, भारी हो गया

आने वाले पल को काटना

मुश्किल से फ़िर किसी ने कुछ कहा

न चाहते हुए भी शुरू हो गई बेमानी बातें

लगा की सब किसी चीज़ से भाग रहे थे

सुबह सामने किसी चादर से ढकी है

और हमने मन ही नहीं बनाया है उसे हटाने का

क्या सचमुच लड़ने की ताकत नहीं है अब?

पर बिना लड़े

शायद सुबह नसीब न हो

आज क्षितिज को छू लेना है

आस पास कुछ नम आँखें,
बोझिल चेहरे
सड़कों पे चलते वे सारे
मन में न जाने क्या भींचे
भाग रहे उस क्षितिज के पीछे

दौड़ रहे थे, दौड़ रहे हैं
और चुप्पी से कहते
आज क्षितिज को छू लेना है

हर स्वप्न को पूरा करने,
कल्पना उड़ान लेती थी
और दूर दीखते नए आयाम,
विवश करते उठने को।

और क्षितिज..मरीचिका..

और दूर और दूर जाता

पुनः स्वयं को उस भट्ठी में झोंक
वे प्रायः चिल्लाते
आज क्षितिज को छू लेना है

और यूँ लगता,
क्षितिज, अविजित, दंभ
में करता हुआ
अट्टहास
प्रतीक्षा में था उनके

थकने की

पर उनके चेहरे तो हारे न लगते
न दीखता कोई मायूस
थी आंखों में वही चमक
और निरंतर दौड़ रहे थे।

सवाल

जवाब की तलाश में चला

ख़ुद एक सवाल बन वापस आया है

खोया पाया की बातों से ऊपर उठ

नफ़ा नुक्सान से दूर निकल आया है

उठा जब भी एक के जवाब के साथ

तो जवाब ख़ुद ही कर बैठा एक सवाल

और फ़िर खोज शुरू कर दी उसने जवाब की

देख भीड़ में अगोचर से चेहरे

या कुछ जाने से लोग

और जब कोई खिलखिला कर हँस देता

और देख उन्हें दौड़ते हुए अपने सपनों के पीछे

खड़े होते तरह तरह के सवाल

वह हो गया निराश

लगा जैसे कोई बड़ी सफाई से

जवाब मिटा के गायब हो गया

कोई और भी न ढूंढ पाया होगा

यही सोच उसने मायनों की किताब को आग लगा दी

पर सवाल नहीं जलते

और जवाब, जवाब नहीं मिलते

टोक

गुम होता हुआ भीड़ में सोचा
"अब कौन देखेगा मुझे,
सिर झुका चुपचाप निकल जाऊंगा"
बस अभी कुछ ही दूर चल पाया था
कि किसी ने टोक दिया
वह मुझे हमेशा पहचान ही लेती

उसने अपना नाम शायद
उम्मीद बताया था

कड़वी सी बातें

वो करता बड़ी कड़वी सी बातें
कभी कभी तो इतनी
कि मन खराब हो जाये

और न पसंद था उसे किसी का उड़ना
सबको ले आता धरातल पे
सबको

ख़ुद को सच्चाई कहता है

एक नंबर की झूठी

वो बड़ी जुमलेबाज़ थी,
एक नंबर की झूठी।
पर फिर भी,
उसके आने से,
आंखो में एक चमक सी आ जाती
गाने गुनगुनाते थे
कुछ खाने का मन करता
कहीं घूमने जाने का मन करता

यूं कहें कि भाई
जीने का मन करता
मुझे ही नहीं
सभी को वह बहुत पसंद थी

उसने अपना नाम शायद
उम्मीद बतांया था

भरम

मीन मेक करने में बड़ा माहिर है
अजी इतना कि
जरा सी झूठी तारीफ भी बर्दाश्त न हो
बस एक मौका दे दो
लग जाता साबित करने में
कुछ ऐसे ही
तोड़े होंगे इसने जाने कितनो के भरम

ख़ुद को सच्चाई कहता है

चाहत उड़ान की

बस थोड़ी सी ज़मीन बेच
खूब सारा आसमान खरीद लिया

कुछ कहते बड़ी गुस्ताखी की

कुछ कहते बेकार सौदा किया

आसमान में उड़ना

न मेरी फितरत है न तासीर

एक चाहत सी है बस

लिख दो सारी बातें

और जब कोई कागज़ न बचे

तो पुरानी रसीदों को टटोल के लिख दो

लिख दो सारी बातें

जो न जाने कब जेहन से उतर

खो जाएँगी

लिख दो प्रसंग उन चंद

बिताए लम्हों का

जो बड़ी चालाकी से छीन लाए थे

उस आपाधापी से

और यह भी लिख दो की

कैसे नार्वसियाए थे वह

और फिर कैसे मन लग गया

लिख दो सारी बातें

जो न जाने कब ज़ेहन से उतर

खो जाएँगी

लिख दो विवरण

उस मीठी बोली का

जिसे सुन रोम रोम खिल जाता है

और याद तो होगा

कैसे लज्जा से नज़र बचा

आकांक्षा कौतुहल से मिल आई थी

लिख दो सारी बातें

जो न जाने कब ज़ेहन से उतर

खो जाएँगी

मत भूल जाना लिखना

छिपी हुई नमी उन आखों में

जो बस फूट पड़ने का

इंतज़ार कर रही है

और कैसे वह फॉर्मेलिटी के नाम पे

बड़ी कोशिश कर रहे थे

अपनापन छुपाने की

लिख दो सारी बातें

और लिखते लिखते अगर

कुछ और भी याद आए

तो लिख देना

न जाने कब जेहन से उतर

खो जाए यह बातें

सयाने

आओ फिर से
किसी छोटी सी बात का

बतंगड़ बनाया जाए

उल जुलूल बातें करें

कुछ इधर की

कुछ उधर की

.

.

बहुत सयाने बन लिए

इसमें वह मज़ा नहीं

सच बताओ

होश है तुम्हें
और शायद सभी
को होश है
अक्ल भी होगी ही

और काबू में होंगे जज़्बात भी

फिर भी बड़ी बचकानी सी बातें करते हैं सब
और तुम भी
या क्या मालूम दिखावा करतें हैं
दिखावा कि सब कुछ काबू में है
अपने इख़्तियार में

हा हा हा हा

सच बताओ,

क्या तुम बचकाने हो
या करते हो दिखावा।

सच बताओ।

मलाल न रहे

जानता हूं,
उसकी अजीब सी जुबां है
जानता हूं,
वह ढंग से कुछ कह नहीं पाता
और जो कहता है
वह भी अधूरा अधूरा सा,
और यह भी जानता हूं,
की तुमने बहुत कोशिश की
और मानता हूं
तुम्हारे जज़्बात भी सही हैं अपनी जगह

पर फिर भी, जब फुर्सत मिले
तो सुनो
सुनो उसे फिर से
सुनो उसके बेमतलब से तर्क
सुनो उसे बिना किसी फर्क

आएगा एक समय, एक लम्हा,
जब सारे, मतलब समझ आएंगे
हो सकता है,
तब तक शायद देर हो गई हो
पर फिर भी,
कम से कम उसे न समझ पाने का कोई मलाल
तो न होगा

वो तुम है
तुम वो हो
या यूं कहूं,
सब सभी है

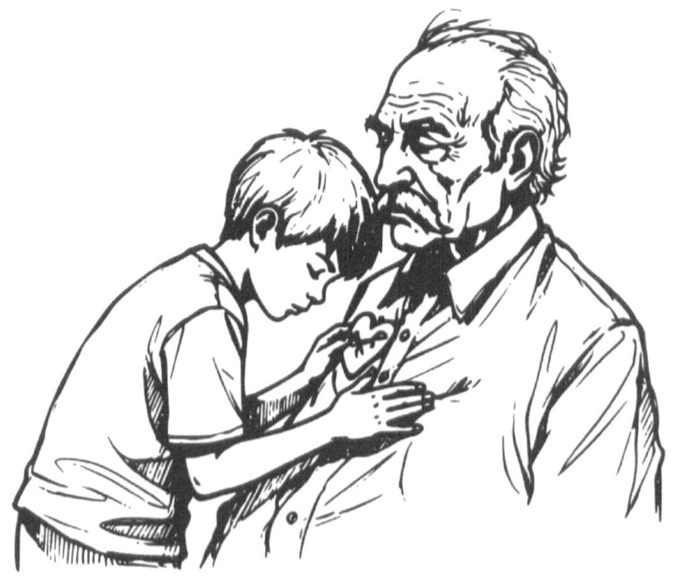

मोक्ष

वहां समय की लकीरें भी
मिटी हुई सी हैं
सब कुछ रुका हुआ सा
न भूख न प्यास
ऐसी ख़ामोशी जिसे वो परमानन्द कहते हैं
मुझे बेतुकी लगती है
बेचैन करती है

शायद मैं उसके काबिल नहीं
शायद उन्होंने कभी जाना नहीं की
जीना किस चिड़िया का नाम है।

आरामतलबी

घूमता हुआ पंखा,
कर रहा है, ज़ोर ज़ोर से गड़ गड़ की आवाज़ .

और बगल वाली आंटी, आज फिर अपनी बहु
पर गुस्सा कर रहीं हैं

तो साहब ....अब चुनाव की सरगर्मियाँ भी
सुनाई दे रही हैं

सामने वाले बगीचे से, वही वादे बार बार

पर हमें क्या

आज तो संडे है

सच कहूं तो

आरामतलबी क्या गज़ब शौक है

पक रही थी

पक रही थी धीमी आंच पर ज़िन्दगी
जायका उम्मीदों सा बढ़ रहा था

पड़े थे मसाले सपनो वाले,
और हां तजुर्बे की खटाई भी थी

सौंधापन था, अपनो के साथ का,
और स्वार्थ की मिर्ची भी थी

जल्दी ही तैयार हो जाएगी,
और फिर सब मज़े लेंगे

पर फिलवक्त तो,
पक रही थी धीमी आंच पर ज़िन्दगी

राजाई में दुबकी

थोड़ा और

थोड़ा सा
बस थोड़ा सा और

ऐसे ही थोड़ा और

थोड़ा और कर

राजाई में दुबकी हुई थी
फुर्सत; वक़्त
या यूँ कहूँ की ज़िन्दगी

थोड़ा और
थोड़ा और कह
निकली जा रही थी

जीने के लिए
बस थोड़ी सी ज़िन्दगी

कायदा

लकीरों में बाँट देतें हैं हमेशा,

कहतें हैं इससे आसानी होती है

चलता रहता है

यूं ही चलता रहता है

फिर थोड़ी देर बाद,

चला जाता है कोई,

लकीरों के बाहर।

… कुछ मुँह बनातें हैं
कुछ न ध्यान देने का बहाना करते हैं
और कुछ कहते हैं "बहोत खूब "
चलता रहता है
यूं ही चलता रहता है

फिर विवाद होते हैं
और दायरे बढ़ा दिए जातें हैं
और एक वहम सा होता है
"इससे आसानी होती है"
और फिर कुछ देर तक
चलता रहता है
यूं ही चलता रहता है

जगह से ज्यादा लकीरें हैं
परिभाषित है सब कुछ …
इतना परिभाषित कि,
परिभाषा क्या है यह भी न मालूम

फिर कोई और बाहर निकलेगा,
और फिर आसानी कि दुहाई दे कर...

क्या क्या परिभाषित करोगे
कितनी लकीरें खीचोगे
और ऐसा कब तक चलेगा ?

बस यही गिला है

तमाम इबादतों का यही एक
सिला है
न तुझे ही मिला है
न मुझे ही मिला है

वो कहतें हैं
अगर दिल से मांगो
तो मिल जाती है

दिल से मांगी थी
और बस यही गिला है

बेचारा मैनिक्विन

उन्होंने मैनिक्विन को फांसी लगा दी
क्योंकि वह अज़ीब पोशाक से सजा था

और डिजाइनर मशहूर हो गया
कलाकार और तथाकथित यशस्वी
इस फैशन को स्वीकार करने लगे

वे संगठित होते उसी लिबास में

और अपने आप को आग लगा लेते।

नारंगी और स्याह

डूबती शाम में कुछ नज़र आता है
जैसे कोई नीचे उतर आता है
टिमटिमाते हुए तारे दीख पड़ते हैं
जलते ख्वाबों का कोई शहर आता है

खिड़कियों से कोई क्या देखता है
न कोई मुसाफिर इधर आता है
लेटे लेटे कहाँ नींद आती है
ख्वाब आँखों को नज़र आता है

लहरों से बातें करने को जी है
कोई जाने क्यूँ फिर सहर आता है
डूब जाएँ इस समंदर में जी आता है
लेकिन डूबती शाम में कुछ नज़र आता है

अदृश्य क्यूँ हो

अदृश्य क्यूँ हो
ना समझ पाता हूँ मैं

मेरी क्षमता तुम्हारे आंकलन से कहीं कम है
या यूँ समझ लो कि अब मैं थक गया हूँ
ना आस्था है
ना बचा है कोई तर्क
अब भी अदृश्य क्यूँ हो
ना समझ पाता हूँ मैं

कोई लपेटे चादर में घूम रहा है
कुछ ने तस्वीर लगा रखी है
मैं चाह कर भी नहीं कहता
कि उनकी बातें मन को अटपटी सी लगती हैं
ना आस्था है
ना बचा है कोई तर्क

अब भी अदृश्य क्यूँ हो

ना समझ पाता हूँ मैं

अपने अपने अलग अलग राग हैं

और मेरे, कुछ प्रश्न

और कुछ विचार भी

सोचा था तुम मिलोगे तो कहूंगा

पर तुम अप्रत्यक्ष;

और जैसे ढके हुए ...असत्य के आवरण में...

तुम्हें ढूँढू भी तो कहाँ

सच कहता हूँ

मेरी क्षमता तुम्हारे आंकलन से कहीं कम है

अब भी अदृश्य क्यूँ हो

ना समझ पाता हूँ मैं

जागते रहो

फिर गूंजी सन्नाटों में कोई आवाज़

और "जागते रहो" कहकर

मानो वह कहना चाह रहा था

तसल्ली से सो जाओ

किसी से पूछ लेंगे

"रास्ता भटक गए हैं शायद "

"चलो किसी से पूछ लेते हैं "

और देखने लगे आस पास

पूछा जाने कितनों से

पर न मालूम था

सच में किसी को न मालूम था

कोई अचानक से बोला

"चलिए मैं भी उसी ओर जा रहा हूँ "

उम्मीद लिए

चल दिए हम आगे

रास्ते लम्बे दिख रहा था

चलते रहे हम एक दिशा में

एक सड़क जुड़ जाती दुसरे से

चलते रहे हम एक दिशा में

और अब शक होने लगा कि शायद
कहीं भटक गए हैं

कर हिम्मत पूछ लिया
"आपको मालूम तो है ना ?"
"मैं तो आया नहीं कभी,
पर एक मुसाफिर ने मुझे बताया था "

अब जिरह से क्या फायदा
रात भी घनी हो चली थी
यही सोंच हमने कर लिया पड़ाव

और जब सुबह होगी तो
"फिर किसी से पूछ लेंगे"

कम तजुर्बा

बहुत जिया नहीं हूँ अभी,

और तजुर्बा कम ही है,

बस इतना कि,

मैंने शैतान को देवता बनते,

और देवता को शैतान बनते देखा है।

एक पुराना शहर

और उन गलियों में

बसा हुआ एक शहर. ...

चौड़ी सड़कों, ऊँची इमारतों ... और दिखावे के आगे

दम तोड़ता सा लग रहा था

हमने सर झुका कर खैरियत पूछी और कहा

"हुज़ूर मुस्कुराइए आप लखनऊ में हैं "

यादें ताज़ा हो गई

मानो जैसे उन गलियों में फिर से जान आ गई

वकालत

सीखा दो
थोड़ी सी वकालत
इस दिल को भी,

दिमाग,
हर बाजी
जीत जाता है।

बेमानी बात

तुम,
जो करके बेमानी सी बात
यूं हंस देते हो
बड़े ज़ालिम हो

हम क्या कहें
गोया, हमारे तो वजूद ही बेमाने हैं

मरीचिका

देखे इतने मिराज उसने,

कि पानी से भी मन भर गया

उसे प्यासा रहना ही ठीक लगता है

उसे प्यासा रहना ही ठीक लगता है

उसे प्यासा मर जाना भी ठीक लगता है

उलझी हुई भेड़ें

एक माइक

बस एक ही काफी है

इकट्ठा करने और संगठित करने के लिए

झुंड को

वहाँ उनका झुंड है

हाँ, वही है

और लकड़बग्घों, भेड़ियों और लोमड़ियों ने

हम भेड़ों को घेर लिया है

हमारे, झुंड को…

तुम सोचते हो

और बुद्धिमानी से चुनते हो

सबसे कम बदबूदार लकड़बग्घे को

या कम से कम जैसा विज्ञापित किया गया है

एक माइक द्वारा विज्ञापित

एक माइक

बस एक ही काफी है

दराज़ में पड़ी

धूपबत्ती सी दुबकी है
मेरी ख्वाहिशें
उसकी दराज़ में,
वो मौके - बे मौके
उन्हें सुलगती है।
और मेरा दिल, बाती सा
उसे दिए में लगा
वो रोज़ जलाती है

इरादा

हाँ काया कोमल, पर
पत्थर सा इरादा है उसका

और मैं दिखता कठोर, पर
कांच का दिल लिए
बस खैर ही मनाता हूँ

बदसूरती

मुझे भाती हैं उसकी अदाएं
अच्छी लगती हैं उसकी बातें भी
मुझे उन्स है उसकी ख़ूबसूरती से

मगर उसकी बदसूरती से मुझे मोहब्बत है
उसकी नादानियाँ मुझे दीवाना बना देती हैं

एंटरटेनमेंट

यूँ तो बुद्धिजीवियों ने

संतों ने, बड़े बुज़ुर्गों ने

बताई हैं वजहें कई

और मुझे वो

अमूमन लगती हैं सही

मगर

कभी कभी लगता है

ऊपरवाले ने सबको

बस एंटरटेनमेंट के ही लिए बना दिया

कितना नमकीन

था इतना ज्यादा नमकीन

समंदर का पानी

जैसे ऊपरवाले ने

भूल से दो बार नमक डाल दिया हो

शाम

तुम रात हो
और मैं सुबह
तो बस अब शाम शाम ही
होंगी मुलाकातें

सरकारी

ये दिल,

दिल भी सरकारी है मुआ,

जाने कब समझेगा

तवज़्ज़ो देने वाली बातें

जाने कब देखेगा

वो जो सच है

जाने कब करेगा बंद

खाना घूस.... घूस पसंदीदा चीज़ों की

जाने कब सुनेगा

दिमाग की बात।

वज़न उठाओ

करो कसरत

वज़न उठाओ

उम्मीदों का

वज़न उठाओ

सपनों का

वजन उठाओ

गैरों का

वज़न उठाओ

अपनों का

वज़न उठाओ

करो कसरत

वज़न उठाओ

प्लास्टिक का

वज़न उठाओ

रबड़ का
वज़न उठाओ
लोखंड का
वज़न उठाओ
करो कसरत
वज़न उठाओ

ताकि उठा सको
कल ख़ुद को
करो कसरत
वज़न उठाओ
करो कसरत
वज़न उठाओ

रंगबिरंगी

मैंने मौत भी देखी है रंगों की,
बड़ी रंगबिरंगी होती है

मुझे मिलते हैं कई नौसिखिया
कहते हैं "यह तो कला है "
आधुनिक?; नहीं; उत्तर आधुनिकतावाद

और कुछ बिरले
बताते हैं इसे "वैचारिक"... "अवधारणात्मक"...

मैं बस यही कहता हूँ
मैं मूर्ख नहीं
इसे कला नहीं
रंगों की मौत कहेंगे
हाँ यदि हो औपचारिकता की मजबूरी
कह देना यह है "रंगों का मौन "

पर दोस्त मेरे तुम्हारे बीच
कैसी औपचारिकता ...
इसे रंगों की मौत ही कहते हैं
रंगबिरंगी मौत।

गवाही

क्या मानेगा कोई
उस चौकीदार की गवाही
ख़ुद कहता है
चोर मेरा मौसेरा भाई है ।

एक देश वो भी

एक देश वो भी है
जो जुड़ा है मिट्टी से
एक देश वो भी है
जो हवा में उड़ता है।

एक देश वो भी है
जो सब्सिडी से ही जिंदा
एक देश वो भी है
जो टैक्स भरता है
और फिर एक देश वो भी है
जो नहीं भरता ।
और एक देश वो भी है
जो सब डकार जाता है।

एक देश वो भी है
जिसे विदेश रास आता है,

एक देश वो भी है
जिसे "देश" क्या होता है मालूम ही नहीं

एक देश वो भी है
जो देश का नुकसान करता है।
एक देश वो भी है
जो देश के लिए काम करता है
एक देश वो भी है
जो देश के लिए लड़ता है
एक देश वो भी है
जो देश के लिए मरता है।

एक देश वो भी है
जो राम को जानता नहीं
एक देश वो भी है
जो राम को मानता नहीं
एक देश वह भी है
जिसमें राम की आस है

एक देश वो भी है
जिसमें सिया राम का वास है।

एक देश वो भी है
जो हकीकत में है
मगर एक देश तो वो भी है
जो दिल में है
और फिर एक देश वो भी है
जो अब बस उम्मीदों मे कहीं है

एक देश वो भी है
जिसे देश ने चुना है
एक देश वो भी है
जिसे देश ने सुना है
एक देश वो भी है
जिससे देश गुस्सा है
एक देश वो भी है
जो चुप है

एक देश वो भी है

जिसने उम्मीद ही छोड़ दी

एक देश वो भी है

जो राष्ट्र नहीं

फिर एक देश तो वो भी है

जो राष्ट्र है

परेड

वो

पूरे साल

विशम परिस्थिति में रह कर भी

तुम्हें बचाते हैं

और फिर तुम्हारे मनोरंजन के लिए

छब्बीस जनवरी को

परेड भी करते हैं

बदले में बस

तुम्हारा सैलूट चाहिए

वो भी बोल कर तो नहीं माँगा

घर बनाम मकान

किसी ने पुछा
क्या फर्क है घर में और मकान में

कहा मैंने

जो दिल में

जो जेहन में वो घर

जो जमीन पे था

जो कागज़ो में था वो मकान

www.ingramcontent.com/pod-product-compliance
Lightning Source LLC
Chambersburg PA
CBHW031446150726
47990CB00007B/2637